일하지 않는 일 어디 없나요?

처음 만나는 사회 그림책 3_사회·문화

일하지 않는 일 어디 없나요?

초판 1쇄 발행 2017년 12월 20일
초판 5쇄 발행 2019년 5월 10일

글 조재은
그림 이민혜

펴낸곳 도서출판 개암나무(주)
펴낸이 김보경
경영지원 총괄 김수현
편집주간 박진영   **편집** 조원선 조어진   **디자인** 김재미
출판등록 2006년 6월 16일 제22-2944호

주소 서울특별시 용산구 한남대로40길 19, 4층(한남동, 효일빌딩) (우)04417
전화 (02)6254-0601, 6207-0603   **팩스** (02)6254-0602   **E-mail** gaeam@gaeamnamu.co.kr
개암나무 블로그 http://blog.naver.com/gaeamnamu   **개암나무 카페** http://cafe.naver.com/gaeam

ⓒ 조재은, 이민혜, 2017
이 책의 저작권은 저자에게 있습니다. 저자와 출판사의 허락 없이 내용의 일부를 인용하거나 발췌하는 것을 금합니다.

ISBN 978-89-6830-434-7 74300
ISBN 978-89-6830-374-6(세트)

이 도서의 국립중앙도서관 출판시도서목록(CIP)은 서지정보유통지원시스템 홈페이지(http://seoji.nl.go.kr)와
국가자료공동목록시스템(http://www.nl.go.kr/kolisnet)에서 이용하실 수 있습니다.
(CIP제어번호: CIP2017031627)

일하지 않는 일 어디 없나요?

조재은 글 이민혜 그림

개암나무

 작가의 말

일이란 무엇일까요, 나는 무슨 일을 할까요?

여러분은 오늘 하루를 어떻게 보냈나요? 아침에 일어나서 이불을 개고, 이를 닦고, 밥을 먹고 학교에 가서 열심히 공부했을 거예요. 여러분에게는 학교에서 공부하는 것이 '일'이지요. 여러분뿐만 아니라 사람이라면 누구나 일을 하며 살아요. 아무 일도 하지 않고 놀기만 하는 사람은 거의 없어요.

《개미와 베짱이》이야기를 알고 있지요? 시원한 그늘에 누워서 노래만 부르는 베짱이는 열심히 일하는 개미를 비웃어요. 하지만 추운 겨울이 되고, 먹을 것이 떨어지자 개미를 찾아가 도움을 구해요. 열심히 일만 하는 개미와 놀기만 하는 베짱이를 보고 여러분은 어떤 생각이 드나요? 사람들은 요즘 들어 개미와 베짱이의 태도가 모두 필요하다고 말해요. 일을 잘하기 위해서는 잘 쉬어야 하고, 잘 쉬기 위해서는 일을 열심히 해야 하지요.

이 책을 쓰면서 저도 '나는 왜 일하는가?'에 대해 깊이 생각해 보았어요. 어느 날은 꾀가 나서 게으름을 피우기도 하고, 어느 날은 밥 먹는 것도 잊을 만큼 일에 푹 빠지기도 해요. 솔직히 일은 재미있을 때보다 재미없고 힘들 때가 더 많아요. 그러나 힘들다

고 생각하면 일은 점점 더 하기 싫어져요. 그런데도 왜 일을 계속하냐고요? 사람들이 일을 하는 이유는 꼭 돈을 벌기 위해서만은 아니에요. 일을 하면서 보람을 느끼고 자신감도 키워 나가지요. 또 나의 일로 인해서 다른 사람이 행복해질 수도 있어요. 이왕 일을 한다면 여러분도 세상을 행복하게 만드는 일을 하면 좋겠지요? 그러기 위해서는 일에 대해 제대로 알아야 해요. 이 책이 여러분에게 일의 참뜻을 알려 줄 거예요.

　주변 사람들이 하는 일과 그들이 일에 대해 어떻게 생각하는지 들여다보아요. 가까이 있는 사람부터 아주 먼 곳에 사는 사람들, 그리고 과거의 일과 다가올 미래의 일까지 생각의 가지를 뻗쳐 봐요. 다가올 세상에 내가 어떤 일을 하게 될지 궁금하다고요? 아직은 아무런 꿈도 없고 일도 그저 막연하게만 느껴진다고요? 이 책을 읽으면서 내가 잘하는 게 무엇인지, 어떤 일을 좋아하는지도 고민해 보세요. 나의 마음을 찬찬히 들여다보면 나에게 잘 맞고, 관심이 가는 일이 보일 거예요.

　다른 사람의 일을 존중하면서 모든 일을 가치 있게 여기는 세상이 되었으면 해요. 그리고 미래에 아주 멋진 일을 할 여러분을 진심으로 응원합니다.

조재은

차례

일이란 무엇일까요?
주원이, 일개미를 만나다 … 8
사람들은 일을 하며 살아요 … 10
어디에서 무슨 일을 할까요? … 12
우리 가족이 하는 일 … 14
`일개미가 간다` 일은 언제부터 했을까요? … 16

일은 왜 하나요?
학교에도 일이 있어요 … 18
일을 해서 돈을 벌어요 … 20
적성을 살려요 … 22
공익에 기여해요 … 24
`일개미가 간다` 대가 없이 일을 한다고? … 26

일과 휴식
엄마의 파업 선언 … 28
휴식이 필요해요 … 30
일하는 시간은 법으로 정해져 있어요 … 32
다른 나라 사람들은 얼마나 일할까요? … 34
`일개미가 간다` 서로서로 도와 가며 즐겁게 일해요! … 36

제대로 쉬고 싶어요
우왕좌왕 가족회의 … 38
우리나라 사람들은 얼마나 쉴까요? … 40
학교에 가는 날을 줄이고 방학을 늘려 달라! … 42
`일개미가 간다` 세계의 휴식을 찾아서 … 44

등장인물

이주원 (10세)
생각이 많다.
주변을 관찰하는 것을 좋아한다.
궁금증이 생기면 참지 못한다.
행동이 느리고 굼떠 엄마에게
자주 핀잔을 듣는다.

일개미
주원이가 궁금한 것이 생길 때마다
불쑥 나타나 궁금증을 해결해 준다.
쉬지 않고 일만 하는 일 중독자이다.

이런 일 저런 일
손님만 왕인가요? … 46
일하다가 억울한 일이 생기면 어떡해요? … 48
일의 성격에 따라 나누어요 … 50
일이 점점 달라지고 있어요 … 52
시대를 알면 직업이 보여요 … 54

`일개미가 간다` 미래를 준비하는 세계의 유망 직업 … 56

나는 커서 어떤 일을 할까요?
이주원의 꿈, 그것이 궁금하다! … 70
내가 좋아하는 것을 알고 싶어요 … 72
나의 적성을 찾아봐요 … 78

`일개미가 간다` 이주원만 모르는 이주원의 머릿속 … 80

어린이와 일
슬기 누나를 도와줘! … 60
언제부터 돈을 벌 수 있나요? … 62
고된 노동에 시달리는 어린이들 … 64
세상을 바꾼 몇 장의 사진 … 66

`일개미가 간다` 어린이 노동 실태 … 68

어떤 일을 해야 행복할까요?
시 쓰는 환경미화원 … 82
누구나 좋아하는 일은 있어요 … 84

`일개미가 간다` 사라지는 직업, 생겨나는 직업 … 86

나를 행복하게 하는 일을 해요
주원이의 장래 희망 … 90

이태만(38세)
주원이의 아빠. 회사원.
만성 피로에 시달려
주말이면 소파와 한 몸이 된다.

노곤희(37세)
주원이의 엄마. 약사.
육아, 가사, 약국 일까지
도맡고 있다.

나여유(63세)
주원이의 할머니.
바쁜 엄마 대신
주원이와 제제를 돌보고
집안일을 거든다.

이제제(6세)
주원이의 여동생. 어린이집에 다닌다.
주원이가 보기에 가족 중 유일하게
놀고먹는 사람이다.

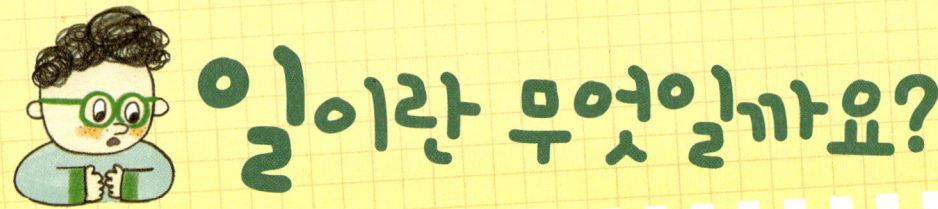
일이란 무엇일까요?

🐜 주원이, 일개미를 만나다

"이주원! 네 방 좀 정리해."

"주원아, 할머니랑 이 화분 좀 같이 옮기자."

오늘도 나를 부르는 소리가 끊이질 않아요.

나는 그 소리를 피해 몰래 집을 빠져나왔어요.

"왜 어른들은 나 같은 어린이에게 일을 시킬까?"

집 앞 벤치에 앉아 툴툴거리는데, 누가 엉덩이를 툭툭 쳤어요.

"저기, 엉덩이 좀 들지. 내 먹이를 깔고 앉았잖아."

고개를 돌려 보니 아주 작은 개미 한 마리가 나를 째려보고 있었어요.

"뭐야, 개미가 말을 하다니! 내 머리가 어떻게 됐나?"

"그렇게 놀랄 것 없어. 나는 말하는 일개미라고."

개미는 부지런히 과자 부스러기를 모으며 말했어요.

"보아하니 너, 일하기 싫어서 몰래 나왔구나?"

"그걸 어떻게 알았어?"

개미는 심드렁한 얼굴로 말했어요.

"사람은 일을 해야 살아갈 수 있어."

"됐어, 일은 일개미인 너나 해. 나는 일 따위 관심 없으니까!"

"일에 관심이 없다고? 과연 그럴까? 네 장래 희망이 뭐야?"

"장래 희망? 음…… 게임만 하는 거!"

"관심 있네! 게임만 하는 것도 일이 될 수 있거든.
네가 하는 공부도 일이고, 네 장래 희망도 결국 일이지."

"내 장래 희망이 일이라고? 그렇게는 생각해 본 적 없는데?"

"일하느라 많이 바쁘지만, 네게 일에 대해 알려 주어야겠구나.
자, 내 손을 잡아."

일개미가 작아서 잘 보이지도 않는 손을 내밀었어요.

"어디로 갈 건데?"

"일하는 사람들이 있는 곳!"

일개미의 말이 끝나기가 무섭게 눈앞에서 불빛이
번쩍하더니 우리는 어딘가로 쑥 빨려 들어갔어요.

사람들은 일을 하며 살아요

눈 깜짝할 사이에 출근길 풍경이 펼쳐졌어요. 일개미는 자기 몸집보다 큰 마이크를 들고 사람들에게 다가가 물었어요.

"여러분은 어떤 일을 하고 있나요?"

나는 잘팔아 상사에서 우리나라 자동차를 다른 나라에 파는 일을 해요. 아침에 외국 거래처의 담당자와 화상 회의가 있어서 서둘러야 해요.

나는 나무를 깎고 다듬어 집을 짓는 목수예요. 아침 일찍 일을 시작하지 않으면 해 지기 전에 끝낼 수가 없어요.

저기 아빠랑 담임 선생님이다!

나는 모두 은행에 다녀요. 은행은 아침 9시에 문을 열고 4시에 닫지만 나는 더 늦게까지 근무하지요. 나라에서 정한 약속이기 때문에 출근 시간은 꼭 지켜야 해요.

나는 종합 병원의 간호사예요. 간호사는 3교대로 일해요. 이번 주는 새벽 당번이라서 지난밤에 출근했어요. 지금은 퇴근하는 중이에요.

어디에서 무슨 일을 할까요?

출근길에 만난 사람들은 각자 하는 일에 따라 일하는 장소도 제각각이었어요. 바삐 움직이던 사람들이 어디에서 어떤 일을 하는지 좀 더 자세히 들어 보았어요.

여기는 우리 회사의 회의실이에요. 다른 직원들 앞에서 자동차 수출 방향에 대해 프레젠테이션 하고 있어요. 프레젠테이션은 사람들을 설득하기 위해 발표하는 거예요.

저는 공사 현장에서 집을 지어요. 한 달에 한 번 월급을 받는 회사원과 달리 일할 때마다 돈을 받아요. 내가 지은 집에서 살 사람들을 생각하면 기분이 좋아요.

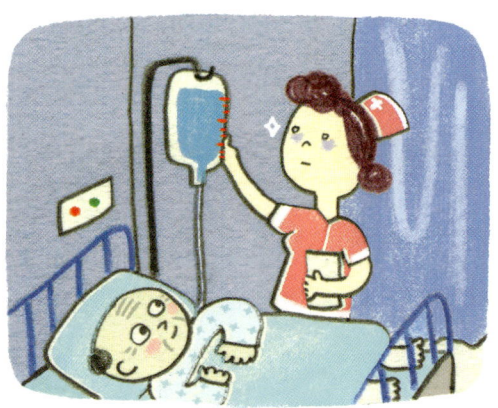

제가 일하는 병원의 병실이에요. 이곳에서 환자들의 상태를 살피고 의사 선생님을 도와 치료하지요. 사소한 실수가 환자의 목숨과 연결되기 때문에 늘 긴장해요.

저는 은행에서 일해요. 낮에는 창구에서 고객들을 응대하고, 고객이 돌아간 뒤에는 그날의 업무를 보지요. 어려서부터 수학을 좋아했고 성격도 꼼꼼한 편이어서 일이 저에게 딱 맞아요.

12년 동안 줄곧 같은 직장에서 일했어요. 오랫동안 일을 하다 보니 쉬고 싶을 때도 있어요. 하지만 하루만 쉬어도 다시 일하고 싶어지니 참 이상하죠.

시장의 생선 가게가 내 일터예요. 고향이 바닷가라 어려서부터 생선을 자주 봤어요. 이제는 눈 감고도 좋은 생선을 고를 수 있죠.

40년 동안 칼국수를 만들어 자식들을 키웠어요. 주위에서는 이제 일을 그만두라고들 하지만 놀면 오히려 몸이 아픈 것 같아서 계속 일을 하고 있어요.

일을 하는 곳이 정말 다양하구나!

일의 특성에 따라 일하는 장소도 다르지!

 일하는 시간과 장소

사람들은 대부분 정해진 시간에 정해진 일터에 모여서 일을 해요. 함께 모여 일을 하면 의사소통이 원활하여 정확하고 빠르게 일을 처리할 수 있지요. 보통 9시에서 6시까지 8시간을 일하지만 일의 특성에 따라 근무 시간을 자유롭게 정하기도 해요. 최근에는 정보·통신 기술이 발달하면서 같은 공간에 없어도 자유롭게 의사소통을 할 수 있어요. 그래서 시간은 물론 장소에도 구애받지 않고 일하는 경우가 늘고 있답니다.

우리 가족이 하는 일

문득 우리 가족은 무슨 일을 할까 궁금했어요. 할머니는 동생을 돌보고, 엄마는 집안일과 약국 일을 하고, 아빠는 회사에 다녀요. 나는 물론 공부를 하지요. 우리 집에서 아무 일도 하지 않는 사람은 내 동생 제제밖에 없어요. 하루 종일 놀고먹거나 징징거려요. 우리 가족이 하루 동안 하는 일을 살펴보았어요.

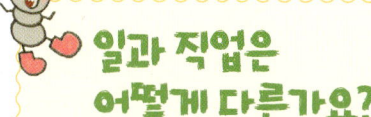

일과 직업은 어떻게 다른가요?

일은 무엇인가를 만들어 내는 활동이에요. 이 점이 바로 놀이와 다르지요. 고추나 토마토를 키우거나, 아픈 사람에게 약을 지어 주거나, 여러 사람이 물건을 더 잘 팔기 위해 함께 모여 의논하는 것은 모두 일이에요.

그렇다면 '일'과 '직업'은 같은 말일까요? 넓게 보면 직업은 일에 속해요. 직업은 무엇인가를 만들어 내는 일로, 돈과 같은 대가를 받아요.

할머니가 텃밭에서 토마토를 기르는 것은 '일'이에요. 채소를 시장에 내다 팔면 농사가 할머니의 '직업'이 돼요.

전문성이 필요한 직업을 갖기 위해서는 꽤 오랫동안 교육을 받기도 해요. 직업을 갖고 일을 해야 대가를 받아서 의식주를 해결하고, 하고 싶은 일도 하면서 살 수 있어요.

일개미가 간다
일은 언제부터 했을까요?

사람들은 언제부터 일하기 시작했을까요? 일개미 기자가 과거에서 현재까지 일의 역사에 대해 취재했습니다.

원시 시대 먹을거리가 필요할 때 일을 했어요.

농경 시대 한곳에 머물며 생활하니 일을 해야만 필요한 것들을 얻을 수 있었어요.

17세기 유럽 월요일을 '성스러운 날'로 여겨 귀족들은 일을 하지 않고 노예들만 일했어요.

19세기 영국 산업 혁명으로 일하는 시간이 갑자기 늘어났어요. 농사짓던 땅에 공장이 들어섰고, 땅을 잃은 사람들은 공장에서 일했어요.

현대 사람들은 일만큼이나 휴식이 중요하다는 사실을 깨달았어요.

원시 시대에는 지금처럼 날마다 일하지 않았습니다. 한곳에 정착하여 살면서 인구가 늘어나자 먹을 것이 부족해져 농사를 짓기 시작했고, 이때부터 지금까지 사람들은 규칙적으로 일을 하고 있습니다.

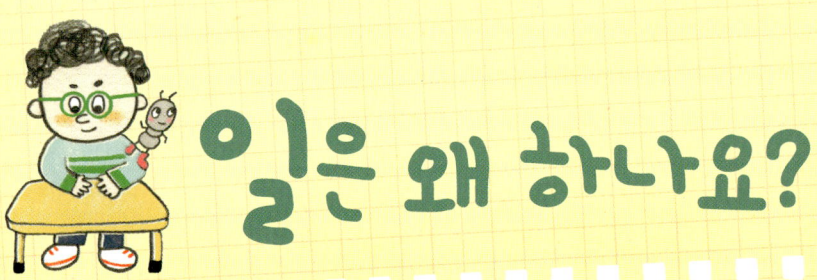

일은 왜 하나요?

학교에도 일이 있어요

수업이 시작되었는데도 아이들은 계속 떠들었어요.

선생님은 한숨을 푹 쉬고는, 창밖을 내다보았어요.

그때 진한이가 울면서 교탁 앞으로 나왔어요.

"선생님! 애들이 자꾸 뚱뚱하다고 놀려요."

"선생님! 진한이가 먼저 놀렸어요."

뒤이어 쫓아온 아이들이 질세라 고자질을 했어요.

선생님은 얼굴이 달아오를 정도로 크게 외쳤어요.

"내가 너희들 때문에 못 살겠다!"

3월에 처음 만났을 때만 해도 선생님은 우리 때문에

살맛 난다고 하셨는데…….

아이들은 슬금슬금 자리로 돌아가 선생님의 눈치를 살폈어요.

나는 문득 선생님의 머릿속이 궁금해졌어요.

'선생님은 왜 우리를 가르치는 일을 택했을까?'

"바쁜데 왜 자꾸 나를 부르는 거야?"

그때 갑자기 일개미가 나타나 주원이를 타박했어요.

"어? 너 안 불렀는데?"

"네가 일에 대해 궁금해하면 내가 해결해 줘야 해.
그러니 결국 나를 부른 셈이지."

나는 이해가 가지 않아 고개를 갸우뚱거렸어요.

"흠흠, 이제부터 어른들이 일을 하는 이유를 알려 줄게.
멀리 갈 것 없어. 학교 안에 일하는 어른들이 많으니까."

"선생님 말고 일하는 사람이 또 있다고?"

나는 주변을 둘러보았어요.

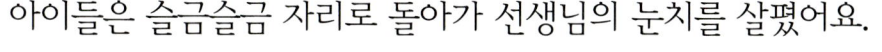

일을 해서 돈을 벌어요

학교 안에서 만난 여러 사람들은 일을 하는 첫 번째 이유로 '돈'을 꼽았어요.

아이들의 건강을 살피는 게 나의 일이야. 쉿! 이건 비밀인데, 물론 일도 즐겁지만 뭐니 뭐니 해도 월급날이 가장 기다려져. 어른이 되면 용돈을 주는 사람이 없으니 월급을 받아야 생활을 할 수 있고, 미래를 위해 저축도 할 수 있지.

복도, 화장실 등 학교 구석구석을 깨끗하게 청소하는 일을 해. 휴지를 아무 데나 버리거나 실내화를 신고 밖에 나가는 아이들을 보면 한숨이 나와. 역시 쉬운 돈벌이는 없는 것 같아.

적성을 살려요

일을 하는 또 다른 이유는 적성을 살리기 위해서였어요. 적성이란 어떤 일을 하기에 알맞은 능력이나 타고난 성질이에요. 담임 선생님도 어릴 때부터 누군가를 가르치는 일을 좋아했고 또 잘했다고 해요. 어린이를 사랑하는 마음도 커서 초등학교 교사를 선택했지요. 적성에 맞는 일을 하면 보람차고, 자존감도 높아진대요.

담임 선생님과 우리 학교의 다른 선생님들을 만나 지금의 일을 하게 된 이유에 대해 인터뷰했어요.

공익에 기여해요

공익이란 우리가 사는 사회를 이롭게 하는 데 보탬이 되는 것을 뜻해요. 더불어 사는 사회에서는 모두의 행복이 곧 나의 행복이기도 해요. 학교는 학생들을 교육하는 목적이 가장 커요. 더 나은 교육 환경을 만들기 위해 학교 안팎에서 많은 사람들이 애쓰고 있어요. 학교와 학교를 둘러싸고 일하는 다양한 사람들을 만나 보았어요.

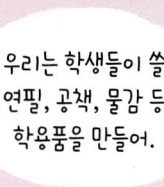

일개미가 간다
대가 없이 일을 한다고?

세상에 돈보다 중요한 게 있다고 외치는 사람들이 있어요.
일개미 기자가 그들을 만나고 왔습니다.

○○일보 △△△△년 △월 △일

목소리로 세상을 전하는 박민수 씨

컴퓨터 전문가인 박민수 씨는 어려서부터 목소리가 좋다는 말을 많이 들었다. 학교 다닐 때, 방송 반 아나운서를 한 경험도 있다. 그는 지금 한 달에 두 번, 점자 도서관에 출근한다. 남들은 주말이면 캠핑이다 낚시다 하며 놀러 다니거나 휴식을 취하지만 그는 온종일 도서관에 틀어박혀 녹음을 한다.

"시각 장애인을 위해 낭독 봉사를 하고 있습니다. 음성 테스트까지 받고 어렵게 들어왔어요." 박민수 씨의 목소리에 자랑스러움이 묻어난다.

달콤한 연애 소설을 읽을 때는 마치 자신이 사랑에 빠진 것처럼 실감 나는 연기를 하고 역사 소설을 읽을 때는 정확한 사실을 전달하려고 애쓴다. 가진 것은 남들보다 좋은 목소리뿐이지만 그것이 누군가에게 도움이 된다고 생각하니 절로 힘이 난다고. 박민수 씨의 목소리로 전하는 멋진 이야기들이 많은 시각 장애인들에게 빛이 되길 기대해 본다.

일개미 기자

최근에는 재능 기부 코디네이터라는 직업도 새롭게 등장했어. 재능 기부를 하려는 사람과 재능 기부가 필요한 사람들을 이어 주는 일을 하지.

재능 기부

국가나 사회 또는 다른 사람을 위하여 돈이나 물건 등을 대가 없이 지원하는 것을 '기부'라고 해요. 기부는 돈을 가치 있게 쓰는 가장 좋은 방법이지요. 그런데 돈이 없어도 다른 사람을 도울 수 있어요. 내가 가진 지식이나 재능을 필요한 사람들을 위해 나누는 거예요. 이러한 형태의 기부를 '재능 기부'라고 하지요.

우리 사회에서는 다양한 직업인들이 다양한 형태로 재능 기부를 하고 있어요. 병원이 없는 산골 지역 사람들을 치료하러 찾아가는 의사, 진로나 학업에 관해 조언이 필요한 청소년들을 무료로 상담해 주는 상담사, 억울한 일을 당했지만 경제적 어려움 때문에 도움받지 못하는 사람들을 무료로 변론해 주는 변호사, 아름다운 벽화를 그려 살기 좋은 환경을 만들어 주는 미술가 등은 자신의 지식과 재능을 나누어 어려운 사람을 돕지요. 자신의 목소리와 시간을 시각 장애인을 위해 사용하는 박민수 씨도 재능 기부를 한 셈이에요.

금전적인 기부는 한 번으로 그치는 경우가 많지만 재능 기부는 지속적으로 이어질 수 있어요. 또한 재능 기부를 통해 사회 구성원으로서 보람과 행복을 느낄 수 있어요. 이것은 돈으로도 살 수 없는 가치랍니다.

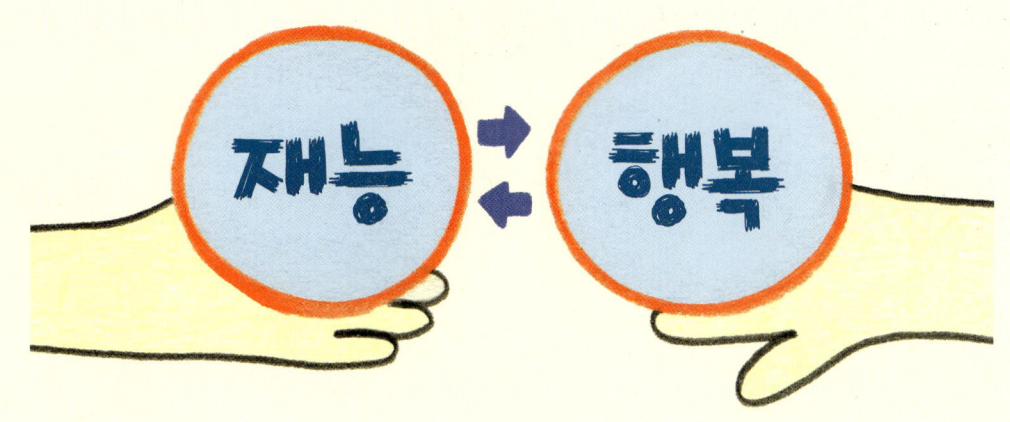

일과 휴식

🐜 엄마의 파업 선언

오늘은 일요일. 아침이 한참 지났는데도 우리 집은 마냥 고요해요.

할머니는 제제를 데리고 일찌감치 친척 결혼식에 가셨어요.

아빠는 소파에 착 달라붙어 떨어질 줄 몰라요.

이럴 때는 아빠와 눈도 마주치면 안 돼요.

"주원아, 물 떠와. 주원아, 리모컨 좀!

주원아, 이주원……."

아빠의 입은 휴일이 없나 봐요.

하루 종일 나를 불러 대느라 바빠요.

내가 옆에 없으면 아빠는 신기한 묘기를 부려요.

몸은 전혀 움직이지 않고 발가락으로 리모컨을 집지요.

그러면 엄마는 황소처럼 콧김을 내뿜어요.

오늘은 결국 일이 터지고 말았어요.

"여보! 이태만 씨! 일요일은 당신만 쉬나요?

내게도 일요일은 휴일이에요.

바깥일은 같이 하는데 집안일은 다 내 몫이라니.

나는 지금부터 휴일 파업을 선언하겠어요."

엄마는 앞치마를 휙 던지고 밖으로 나가 버렸어요.

"아빠! 엄마가 전화도 안 받아요. 어떡하죠?"

아빠는 그제야 부스스 일어나 "목욕탕이나 가자!" 하고 말했어요.

엄마가 집을 나가 버렸는데 한가롭게 목욕이라니!

어이없었지만 아빠를 따라나섰어요.

목욕탕 앞에는 '연중무휴'라고 쓰여 있었어요.

"연중무휴는 하루도 쉬지 않고 1년 365일 내내 일한다는 뜻이야."

"그럼 엄마는 '연중무휴'를 하다가 '휴일 파업'을 선언한 거네요?"

아빠는 나를 힐끗 쳐다보고는 못 들은 척하며
목욕탕 안으로 쑥 들어가 버렸어요.

휴식이 필요해요

아빠가 잠깐 자리를 비운 사이에 엄마와 주고받은 문자를 보았어요. 어떨 때 보면 어른들이 아이들보다 더 유치하다니까요. 아무튼 엄마와 아빠 둘 다 휴식이 필요하다는 데에는 마음이 통한 것 같아요.

당신 어디예요?

왜요?

여보, 노곤희 씨! 제발 집으로 돌아와요. 요즘 일이 많아서 너무 피곤했어.

당신만 피곤해? 나는 집안일까지 하느라 퇴근 시간도 없는데 당신은 맨날 12시 다 돼서 들어오고!

나도 빨리 퇴근하고 싶지만 일이 많은 걸 어떡해?

집에 와서까지 회사 일을 하잖아요!

앞으로 그 점은 고칠게요.

나도 휴식이 필요해요.

미안해요, 우리 이번 주말에 가족회의를 합시다.

정말요? 어디 두고 보겠어요.

일개미가 간다

일 중독증과 탈진 증후군

일을 열심히 하는 것만큼 잘 쉬는 것도 중요합니다. 지나치게 일을 하고 제대로 쉬지 못하면 어떤 문제가 생길까요? 일개미 기자가 경험담을 통해 알아보았습니다.

일 중독증

일에 빠져서 헤어나지 못하는 증상이에요. 자나 깨나 일, 일, 일! 내가 그랬지요. 눈을 뜨면 주원이네 집 곳곳을 찾아다니며 먹을거리를 구했어요. 이미 음식을 잔뜩 모았는데도 계속 움직였지요. 잠깐이라도 쉬면 마음이 너무 불안했거든요. '먹이가 다 떨어지면 어떡하지?', '이러다 일개미 나라에서 쫓겨나는 건 아닐까?' 하는 불안감 때문에 잠도 제대로 못 자고 깨어 있어도 늘 멍했어요.

일 중독증은 위험한 병은 아니지만 건강을 해칠 수 있으므로 조심해야 해요. 대개 일주일에 60시간 이상 일하는 사람을 일 중독증에 걸렸다고 봐요. 일을 하지 않으면 불안하고 외로움을 느끼며, 자신이 쓸모없다고 생각하지요.

탈진 증후군

한 가지 일에 지나치게 몰두하다가 어느 순간 회의를 느끼고 더는 일할 수 없는 상태에 이르는 경우가 있어요. 나도 주원이 방에서 열심히 과자 부스러기를 찾다가 문득 이런 생각을 했어요. '무엇 때문에 내가 과자 부스러기를 찾고 있지?' 그러자 갑자기 몸에 힘이 쭉 빠졌지요.

이렇듯 어떤 일에 열중하다가 갑자기 연료가 다 타 버린 것처럼 힘이 쭉 빠지는 증상을 '탈진 증후군'이라고 해요. 지나치게 일을 하다 보니 몸과 마음이 지쳐 버린 거지요. 이때는 적당히 휴식을 취하면서 다시 일할 에너지를 쌓고 몸과 마음을 회복해야 해요.

일하는 시간은 법으로 정해져 있어요

일이 너무 많아 힘들어하는 부모님이 편하게 일할 수 있는 방법은 없을까요? 일하는 시간을 나라에서 법으로 정해 두었다고 하던데 왜 우리 부모님은 늦게 퇴근하실까요? 고용 노동부 나일해 장관님을 만나 보았어요.

일하는 시간이 법으로 정해져 있나요?

네, 나라마다 조금씩 다른데, 우리나라의 경우 1주 동안의 근로 시간은 쉬는 시간을 빼고 40시간을 넘으면 안 돼요. 1일 근로 시간은 8시간을 넘길 수 없고요.

어쩔 수 없이 40시간 넘도록 일해야 하는 곳은 어떻게 하나요?

미리 협의를 해서 일하는 시간을 조정하거나, 초과한 근무 시간만큼 임금을 더 줘야 해요. 대가를 지불하거나 휴식을 보장하지 않고 마음대로 일을 시키는 것은 불법입니다.

 특수한 상황에서 일하는 사람들의 근로 시간은 어떻게 되나요?

 15세에서 18세 이하는 하루에 7시간, 일주일에 35시간만 일할 수 있어요. 그리고 땅속이나 물속 등 위험한 환경에서 일하는 사람은 하루에 6시간, 일주일에 34시간 넘게 일할 수 없지요.

 옛날에는 토요일에도 일을 했다던데, 정말인가요?

 맞아요, 예전에는 토요일에 학교도 갔답니다. 그런데 지금은 많은 일터에서 주 5일 근무제(또는 주 40시간 근무제)를 실시하고 있어요. 주 5일 근무제를 실시하면, 하루에 8시간씩 1주일에 5일 동안 일하면 됩니다. 휴일이 늘어나자 사람들은 다양한 방법으로 좀 더 오래 휴식을 취할 수 있게 되었답니다.

 학교에도 수업 시간, 쉬는 시간이 따로 있는 것처럼 회사에도 일하는 날과 쉬는 날이 따로 있네.

 우리 개미 나라에는 쉬는 날도, 쉬는 시간도 없어. 언제나 일뿐이야, 엉엉.

다른 나라 사람들은 얼마나 일할까요?

다른 나라 사람들은 하루에 몇 시간을 일할까요? 소셜 네트워크 서비스(SNS)에서 만난 사람들에게 물어봤어요.

프랑스
우리는 하루에 평균 7시간을 일해. 그래도 나는 더 적게 일하고 싶어서 일하는 시간을 줄여 달라고 회사에 계속 요청하고 있지.
— 미쉘 누나

일본
일본인은 하루에 8시간쯤 일해. 선배들이 열심히 일한 덕에 경제가 성장했지만 나는 잘 쉬는 것도 무척 중요하다고 생각해.
— 유키 누나

덴마크
덴마크는 하루에 6시간 남짓 일해. 일자리를 구하지 못하면 국가에서 2년 동안 생활비를 지원해 줘. 일을 찾는 동안 생활할 수 있도록 말이야.
— 한센 아저씨

멕시코
우리는 하루에 9시간 넘게 일을 해. 아, 쉬고 싶다.
— 호세 아저씨

세계의 근로 시간

해마다 경제협력개발기구(OECD)에서는 주요 회원국들의 근로 시간을 조사해 통계를 내요. 2016년 통계를 살펴보면 우리나라 사람들은 한 해에 2,069시간을 일했어요. 멕시코, 코스타리카에 이어 3위의 기록이지요. 가장 적게 일한 나라는 독일(1,363시간)로 우리나라 사람들이 8개월 동안 일한 시간과 같아요. 우리나라 사람이 독일 사람보다 연간 4개월을 더 일하는 셈이지요.

덴마크, 노르웨이도 각각 연평균 근로 시간이 1,410시간, 1,424시간으로 매우 짧아요. 이들 나라는 대부분 선진국으로, 일하는 시간만큼 휴식 시간도 중요하게 여겨요.

OECD 주요국 1인당 연간 근로 시간
2016년 기준, 단위: 시간

순위	국가	시간
1	멕시코	2,255
2	코스타리카	2,212
3	한국	2,069
4	그리스	2,035
5	러시아	1,974
5	칠레	1,974
7	폴란드	1,928
8	라트비아	1,910
9	이스라엘	1,889
10	리투아니아	1,885
	OECD 평균	1,763

일개미가 간다
서로서로 도와 가며 즐겁게 일해요!

옛날에는 아무리 힘든 일이라도 즐겁게 일을 끝마쳤다고 하는데요. 그 비결은 바로 서로 도와 가며 일한 것이라고 합니다. 부지런한 일개미 기자가 옛사람들을 만나 보았습니다.

빌리고 갚는 품앗이

품앗이는 일손이 모자랄 때 품을 빌리고, 빌린 품을 돈이나 곡식이 아닌 비슷한 양의 품으로 되갚는 거예요. 일의 양이나 어려운 정도가 다를 때는 품을 더해서 갚기도 했어요.

논갈이, 김홍도

모이세 모이세 함께하는 두레

옛날에는 지금처럼 기계가 발달하지 않아서 사람 손을 거쳐야 하는 일이 많았어요. 그 때문에 일손이 많이 필요했지요. 혼자서 하기 힘들 때는 마을 사람들끼리 '두레'라는 모임을 만들어 서로 도왔어요. 일이 끝난 뒤에는 언제나 흥겨운 놀이판을 벌였답니다.

매기고 받는 노동요

일을 할 때 부르는 노래를 '노동요' 또는 '작업요'라고 해요. 서로 힘을 돋우고, 지루하지 않게 일하기 위해 부르는 노래이지요. '어야디야 어야디야, 어기여차 어서 가세!' 신나는 노래를 주고받으며 힘든 일을 놀이처럼 즐겼어요. 노동요는 우리나라뿐 아니라 다른 나라에도 있답니다.

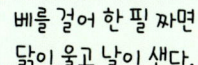
베를 걸어 한 필 짜면 닭이 울고 날이 샌다.

일이 잔치가 된 지역 축제

힘든 일을 놀이처럼 함께 나누다 보니, 일이 축제처럼 변하기도 했어요.

경상북도 청도에서는 소를 잘 키워서 소싸움 축제를 열었습니다. 잘 먹이고 키운 소끼리 겨루게 하여 가장 우수한 소를 가리던 것이, '청도 소싸움'이라는 지역의 대표 축제로 발전했지요. 여성들은 옷감 짜는 일로 '길쌈 축제'를 열기도 했어요. 서천이나 예산 지역에서는 지금도 해마다 길쌈 축제가 열린답니다.

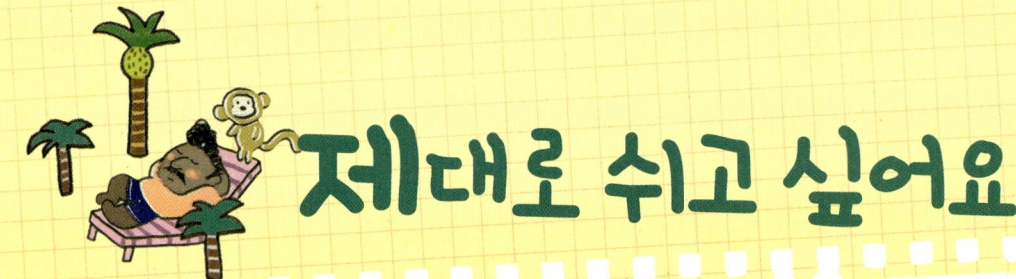
제대로 쉬고 싶어요

🌶️ 우왕좌왕 가족회의

엄마의 휴일 파업 선언은 효과가 컸어요.

아빠는 다음 주말에 바로 가족회의를 열었어요.

"우리 가족은 모두 주 5일 동안 일을 하니

주말에는 돌아가면서 식사 준비를 하는 게 좋겠어요."

나와 제제는 어려서 식사 당번은 맡지 않게 되었어요.

대신 식탁 차리기 같은 간단한 집안일을 돕기로 했지요.

"여보! 한 달에 한 번은 온 가족이 1박 2일 동안 여행을 가요."

나와 동생은 엄마의 제안에 '오, 예! 오, 예!' 하고 환호했어요.

오랜만에 동생 제제와 마음이 통했지요.

할머니도 좋으신지 별말씀이 없으셨어요.

그런데 단 한 사람, 아빠만 한숨을 푹 쉬었어요.

하지만 아빠도 가족 모두가 동의하니 별수 없이 그러자고 하셨어요.

"그럼 이번 달은 어디로 갈지 정해 보자."

"아빠, 유빈이네는 캠핑장에 갔었대요. 우리도 캠핑 가요."

제제의 말에 아빠는 캠핑 장비가 없다면서 고개를 저었어요.

"아범아, 그러면 다 함께 주말 농장을 해 보면 어떠니?"

할머니의 의견에 가족들 모두가 시큰둥했어요.

뜨거운 햇볕 아래서 고추 따고 물 주는 건 정말 힘든 일이거든요.

"꼭 밖에 나가야만 쉬는 건가? 집에서 야구 중계나 보면서 피자를 시켜 먹는 건 어때?"

"시시해요. 그건 아빠만 좋아하잖아요. 차라리 저랑 공놀이 하실래요?"

아빠는 못 들은 척했어요.

할머니는 주말 농장, 동생은 캠핑, 아빠는 집에서 휴식을 원해요.

이렇게 제각각인 우리 가족이 휴일을 제대로 보낼 수 있을까요?

우리나라 사람들은 얼마나 쉴까요?

우리 가족은 주 5일 근무제 덕분에 가족 여행을 하게 되었어요. 아빠의 휴가와 내 방학 때는 좀 더 멀리, 오랫동안 여행을 갈 거예요. 그런데 올해는 아빠의 휴가가 고작 5일뿐이래요. 나는 방학이 30일이어도 짧게 느껴지는데……. 불쌍한 우리 아빠! 충분히 쉬어야 일도 잘할 수 있는 거 아닌가요?

2016년에 한 여행사에서 전 세계 주요 28개국 9,424명을 대상으로 '세계인의 유급 휴가'에 대해 조사했어요. '유급 휴가'란 휴가 기간도 일한 것으로 쳐서 임금을 주는 제도예요.

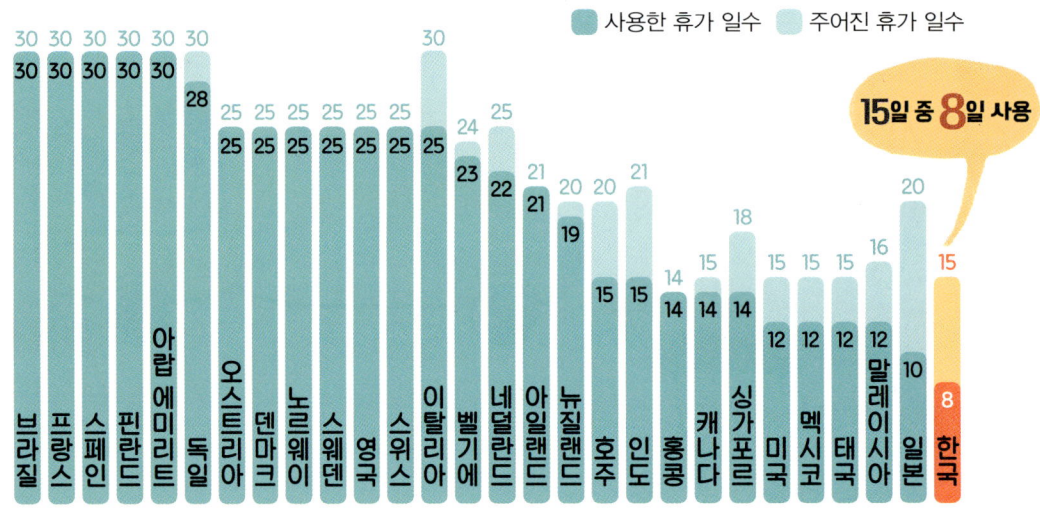

전 세계 28개국의 연간 휴가 사용 현황

단위: 일, 출처: 익스피디아

연간 휴가 일수가 가장 많은 나라는 브라질과 프랑스 등으로 무려 30일이나 돼요. 그 뒤를 이어 오스트리아, 덴마크, 노르웨이가 25일이지요.

한국의 직장인들이 한 해 동안 사용할 수 있는 유급 휴가 일수는 15일이에요. 조사한 나라들 가운데 홍콩에 이어 두 번째로 적지요. 게다가 실제로 사용한 휴가 일수는 고작 8일뿐으로 조사국 중 가장 적었어요. 이와 비교해 프랑스, 영국 등의 나라는 주어진 휴가를 온전히 다 사용하는 것으로 나타났어요.

많은 나라에서 법으로 유급 휴가를 보장하고 있어요. 우리나라도 근로 기준법에 연차 유급 휴가에 관한 규정을 두어 1년에 80퍼센트 이상 출근할 경우 15일의 유급 휴가를 주도록 했지요. 하지만 통계에도 나타나듯 우리나라 사람들은 연차 휴가를 모두 사용하는 경우가 드물어요. 맡은 업무가 많거나 상사나 동료의 눈치를 보아야 하기 때문이에요. 결국 자유롭게 휴가를 쓸 수 있는 기업 문화를 이루는 것이 무엇보다 중요해요.

학교 가는 날을 줄이고 방학을 늘려 달라!

어른들에게 휴가가 있다면, 어린이들에게는 방학이 있어요. 그런데 방학도 휴가처럼 너무 짧아요.

한국에서는 어른들이 열심히 일하는 것처럼 어린이들도 열심히 공부해요. 방과 후에도 과외 활동을 하며 밤 12시까지 공부하는 경우도 있지요. 우리나라 초등학교의 연간 수업 일수는 190일이에요. 미국은 180일로 한국에 비해 10일 정도 적답니다.

우리나라와 중국, 독일, 말레이시아 등에는 없지만 세계 몇몇 나라에는 가을 방학이 있어요. 가까운 나라 일본에도 짧지만 일주일 정도의 가을 방학이 있답니다.

유럽의 여러 나라들은 여름 방학 기간이 우리나라보다 길어요. 짧으면 6주, 길게는 13주나 되지요.

일개미가 간다

세계의 휴식을 찾아서

전 세계 여러 나라의 사람들은 얼마나 쉬고 또 어떻게 쉴까요? 일개미 기자가 세계 곳곳을 누비며 취재했습니다.

긴 휴가를 떠나는 사람들

프랑스나 영국 등 유럽에서는 여름에 3주~5주 동안 유급 휴가를 떠납니다. 이 기간을 이용해 여행을 가거나 휴식을 취하지요. 7월이 되면 파리 사람들이 휴가를 떠나 시내에 파리 사람들보다 관광객들이 더 많을 정도라고 하네요.

일하다가 낮잠을 자는 사람들

지중해 연안의 몇몇 나라에는 '시에스타'라는 풍습이 있어요. '시에스타'는 기온이 매우 높고 점심 식사 후 찾아오는 식곤증 때문에 일의 능률이 떨어지는 한낮의 일정 시간 동안 낮잠을 자거나 휴식을 취하는 것입니다. 시에스타 시간은 나라마다 다른데 그리스는 오후 2시~4시, 스페인은 오후 1시~4시, 이탈리아는 오후 1시~3시 30분이에요. 브라질, 아르헨티나에도 한낮의 더위를 피해서 낮잠을 자는 시에스타가 있습니다. 아직 유럽 식민지 시절의 생활 습관이 남아 있는 것이지요.

중국의 가장 큰 명절, 춘절

우리나라 설날과 마찬가지로 음력 1월 1일은 중국의 가장 큰 명절이에요. 관공서나 기업들은 보통 6일 정도의 긴 휴가를 보내지요. 이 기간을 이용하여 그동안 자주 찾지 못했던 가족을 만나거나 휴식을 취한답니다.

박싱데이(성 스테파노의 날)

크리스마스 다음 날인 12월 26일이면 영국의 지배를 받았던 유럽의 여러 나라들과 미국에서 영국의 전통을 따라 상자에 선물을 담아 주고받습니다. 이들 지역에서는 크리스마스 즈음부터 새해까지 긴 휴가를 갖기도 해요.

종교 휴가, 이드 알피트르

이슬람권 국가에서는 교리에 따라 한 달간, 해가 떠 있는 동안 먹거나 마시지 않는 '라마단' 기간을 가져요. 라마단이 끝나면 큰 축제가 열리고 종교 휴가인 '이드 알피트르'가 시작돼요. 이드 알피트르는 공식적으로는 3일이지만 7일~10일 정도 갖는 곳도 있어요. 이 기간에는 공공 기관과 상점이 모두 문을 닫고 축제나 가족 모임을 하며 휴식을 즐긴답니다.

휴일 없이 일하는 아프리카 사람들

아프리카에는 농업 등 1차 산업을 주로 하는 국가들이 많아서 노동력이 매우 많이 필요합니다. 그래서 온 가족이 휴일도 없이 열심히 일하는 경우가 많아요.

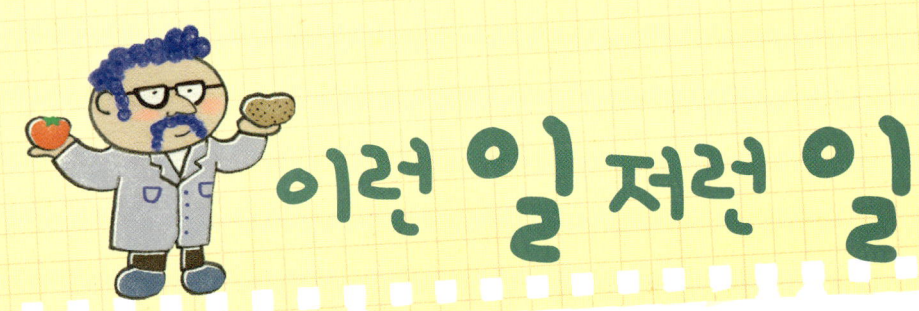

이런 일 저런 일

손님만 왕인가요?

"이주원! 가서 밀가루 좀 사 와. 팬케이크 부쳐 줄게."

"야호! 내가 제일 좋아하는 팬케이크!"

휴일을 제대로 보내고부터 엄마가 달라졌어요.

100퍼센트 충전된 휴대 전화 같았지요.

엄마의 마음이 바뀌기 전에 얼른 '사러가 마트'로 달려갔어요.

사러가 마트는 내 친구 성재 엄마가 일하는 곳이에요.

성재 엄마는 손님들에게 정말 친절해요.

그런데 오늘따라 이상하게 마트가 시끌벅적했어요.

"아줌마가 우리 강아지 목줄을 질질 끌었잖아요!"

"손님, 매장에 동물을 들이면 안 돼서 어쩔 수 없이 그랬어요."

성재 엄마는 울다시피 했지만 강아지 주인은 화를 누그러뜨리지 않았어요.

"이 직원 당장 안 자르면 가만있지 않겠어요."

나는 다리가 부들부들 떨리고 화가 치밀었어요.

'성재 엄마는 왜 당하고만 있는 거야!'

"고객님, 죄송합니다. 저희 직원이 불편을 끼쳤습니다.

직원을 해고 조치할 테니 노여움을 푸세요."

강아지 주인은 그제야 겨우 진정하고 돌아갔어요.

성재 엄마는 한마디도 못하고 결국 해고되었어요.

손님이 '왕'이면 직원은 '신하'인가요?

왕이면 신하에게 함부로 해도 되나요?

아빠가 안 계시는 성재네는 이제 어떻게 살아가야 하나요?

성재 엄마의 억울함을 풀 곳은 없나요?

일하다가 억울한 상황이 생기면 어떡해요?

성재 엄마는 큰 잘못을 저지르지 않았는데도 일자리를 잃고 말았어요. 성재 엄마처럼 부당하게 해고를 당하거나 임금을 못 받는 등 일터에서 억울한 일을 겪으면 어떻게 해야 할까요? 고용 노동부에 물어보았어요.

부당 해고를 당하면 어떻게 해야 하나요?

부당 해고란 노동자의 의사와 상관없이 일방적으로 해고를 당하는 거예요. 법은 정당한 이유가 없으면 노동자를 해고할 수 없도록 규정하고 있어요. 노동자가 회사의 규칙을 위반한 경우, 고의적으로 회사에 경제적인 손해를 입힌 경우, 부득이한 사정으로 회사의 경영이 어려운 경우 등을 제외하고는 회사가 노동자를 함부로 해고할 수 없지요. 사러가 마트 사장이 손님의 무리한 요구를 받아들여 성재 엄마를 해고한 것은 부당 해고예요. 부당 해고를 당했을 때는 노동 위원회에 '부당 해고 구제 신청'을 하거나, 법원에 '해고 무효 확인의 소'를 제기할 수 있어요. 노동 위원회에 신청하면 조사와 면담을 거쳐 복직에 대한 판정을 받게 돼요. 법원에 소송을 제기하면 민사 소송 절차에 따라 회사와 소송을 벌여야 한답니다.

임금을 받지 못했다고요?

회사는 정해진 기일에 노동자가 일한 만큼의 대가를 주어야 해요. 또 합의한 임금을 일방적으로 깎아서도 안 되지요. 제때 임금을 받지 못했다면 고용 노동부에 딸린 기관인 지방 고용 노동청에 신고하거나, 근로 기준법 위반으로 법원에 고소할 수 있어요. 노동청에 신고하면 담당 감독관이 조사를 해 사업주에게 임금을 제대로 지급하라는 지시를 내려요. 그 후에도 계속 지불하지 않으면 법으로 처벌하지요.

고용 노동부

고용과 노동에 관한 일을 담당하는 중앙 행정 기관이에요. 근로자가 산업 현장에서 활기차게 일할 수 있도록 돕고 고용과 노동에 관련한 여러 일을 해요.

1. 근로 기준을 만들어 알린다.
2. 노사 관계를 조정한다.
3. 산업 시설의 안전을 관리한다.
4. 일을 하다 다친 사람에게 보험금을 지급한다.

최저 임금제가 있다고요?

국가가 노동자들의 생활을 보장하기 위해 임금의 최저 수준을 정해 두었어요. 회사는 그 수준 이상의 임금을 지급해야 하지요. 1명 이상의 노동자가 있는 일터에서는 무조건 최저 임금제를 따라야 해요. 만약 사러가 마트 사장이 성재 엄마에게 최저 임금 이하로 임금을 준다면, 성재 엄마는 사러가 마트가 있는 지역의 지방 노동 관서 근로 감독과에 신고할 수 있어요. 우리나라의 2017년 최저 임금은 2016년(6,030원)보다 7.3퍼센트(440원) 오른 6,470원이었고, 2018년 최저 임금은 2017년보다 16.4퍼센트(1,060원) 오른 7,530원이랍니다.

일의 성격에 따라 나누어요

아빠는 하루 종일 컴퓨터 앞에 앉아서 일을 하고, 엄마는 약국에서 의사의 처방에 따라 약을 지어요. 성재 엄마는 마트에서 물건을 팔지요. 이처럼 사람들이 하는 일의 종류는 정말 다양해요. 일을 또 다른 말로 '노동'이라고 하는데, 노동은 성격에 따라 크게 육체노동, 정신노동, 단기 노동, 장기 노동으로 나눠요.

육체노동과 정신노동

둘 다 노력을 들여서 무엇인가를 얻어 내는 행위예요. 육체나 정신, 어느 쪽을 더 많이 쓰느냐에 따라 구분한답니다.

육체노동 몸을 직접 움직여서 일해요. 건설 현장 노동자, 운동선수, 농부 등의 직업이 해당해요.

정신노동 몸보다 머리를 써서 일해요. 은행원, 과학자, 교사 등의 직업이 해당하지요.

단기 노동과 장기 노동

일을 하는 기간에 따라 구분해요. 단기 노동은 대부분 준비 기간이 길지 않고 단순하거나 반복적이에요. 흔히 아르바이트라고도 하지요.

장기 노동은 장기간 근무하며 본인이 맡은 업무에 대해 책임을 져야 해요. 그래서 일에 대해 잘 알아야 하고 일을 하기 전에 어느 정도 준비를 해야 한답니다.

감정 노동자

흔히 노동은 몸을 움직이면서 무언가를 하는 것이라고 생각하는데 감정을 쏟아 가며 일하는 사람들도 있어요. 말투나 표정, 몸짓 등에서 드러나는 자신의 감정을 억누르고 좋은 감정만 보이며 일하는 사람을 '감정 노동자'라고 해요. 감정 노동자는 사회가 산업화되고 서비스업이 발전하면서 생긴 용어로, 미국의 사회학자 앨리 러셀 혹실드가 1983년 《통제된 마음》이란 책에서 처음 썼어요.

콜 센터 상담원, 백화점 점원처럼 손님에게 무조건 친절을 베풀어야 하는 감정 노동자들은 정신적인 피로도가 높고, 심한 경우 병을 얻기도 한답니다.

일이 점점 달라지고 있어요

모든 어른들이 일터에서 일하는 것은 아니에요. 우리 고모는 원래 '조아 상사'라는 회사에 다녔어요. 그런데 사촌 동생을 낳고부터는 집에서 일해요.

임신 전까지는 사무실에서 여러 명이 함께 일했어요.

임신 후 몸이 무거워져 아침에 출근하기가 점점 힘들어졌어요.

옛날에는 도구가 지금처럼 발달하지 않아서 농사짓는 일이 단순했어요. 사람이 직접 땅을 일구거나 소나 말, 간단한 농기구를 이용하는 게 전부였어요.

다양한 농기구와 기계가 등장하여 혼자서도 넓은 땅에 농사를 지을 수 있어요. 비행기를 이용해 하늘에서 농약을 뿌리기도 해요.

고모는 집에서 일해도 여전히 조아 상사 직원이래요. 시대가 변하면서 일하는 모습도 점점 달라지고 있어요.

출산을 하고 나서는 아기를 기르면서 일할 수 있는 방법을 찾았어요.

집에서 컴퓨터로 회의를 하고 업무를 처리해요. 이것을 '재택근무'라고 해요.

미래에는 농부가 논과 밭이 보이는 커다란 모니터를 보면서 손가락만 까딱하며 농사를 지을지도 몰라요. 농약이나 물을 주는 일도 버튼 하나로 쉽게 해결할 수 있을 거예요.

시대를 알면 직업이 보여요

사회가 발전하면서 고모의 경우처럼 일터가 변하기도 하고, 직업이 사라지거나 새로 생겨나기도 해요. 내가 꿈꾸는 직업이 미래에도 있을까요, 아니면 없어질까요? 앞으로 우리 사회가 어떻게 발전할지 살펴보면 그 답을 알 수 있어요.

첨단 과학 기술의 발전

미국의 디즈니랜드에서는 미키마우스 인형의 눈, 코, 팔 등에 센서와 스피커를 설치하여 놀이 기구 탑승 대기 시간을 파악한 뒤 정보를 실시간으로 제공해요. 미래에는 이처럼 사람들에게 필요한 정보를 알아서 전달하는 로봇이나 인공 지능 기술을 개발하고 제어하는 직업이 더욱 많이 생겨날 거예요.

저출산 고령화의 진전

우리나라는 노인 인구 비율이 급격히 높아져 고령화 사회에 접어들었어요. 고령화 사회는 총인구에서 65세 이상 고령자의 수가 높아지는 사회를 말해요. 고령화 사회에서는 노인을 위한 산업과 직업이 중요해요. 또 지금보다 일하는 노인의 모습을 흔히 보게 될 거예요.

더 나은 삶을 찾아서

사람들이 삶의 질을 높이는 데 힘을 쓰기 시작하면서 안전한 먹을거리, 수준 높은 문화와 예술, 건강한 삶, 스트레스가 적은 직장 등을 더욱 중시할 거예요. 휴일에 가족과 많은 시간을 보낼 수 있는 직업이 가장 인기 있을지 몰라요.

심각한 환경 문제

산업화에 따른 환경 오염이 점점 더 심각해지고 있어요. 따라서 미래에는 대기 오염의 주범인 이산화탄소 배출을 억제하는 기술, 친환경 에너지 개발 기술 등 환경 문제와 관련한 일자리가 많아질 거예요.

4차 산업 혁명

산업 혁명은 새로운 기술이 나타나 인간의 삶을 획기적으로 변화시키는 시기를 일컫는 말이에요. 증기 기관과 기계가 발달하며 수공업 중심의 사회에서 기계 공업 중심의 사회로 변한 1차 산업 혁명, 전기가 발전하고 분업화가 이루어진 2차 산업 혁명, 전자·정보 기술이 발달하여 자동화 기기가 생겨나기 시작한 3차 산업 혁명 시기를 거쳐, 현재를 4차 산업 혁명 시대라고 해요. 4차 산업 혁명은 인공 지능, 로봇 등 정보·통신 기술이 인간의 삶을 변화시키는 사회예요. 4차 산업 혁명 시대에는 자율 주행 자동차, 가정용 로봇, 인간의 몸을 진료하는 의료용 로봇 등이 보편화될 거예요.

미래를 준비하는 세계의 유망 직업

이번에는 세계 여러 나라에서 새롭게 떠오르는 직업들을 만났습니다. 아직 낯설지만 사회가 변하면서 우리나라에도 생겨날 직업들이지요. 자부심을 가지고 열심히 일하는 직업인들을 만나러 일개미 기자와 함께 가 보시죠!

문화여가사 | 일본

주 5일 근무제가 시행되고 고령화 사회에 접어들면서 문화 체험이나 여가 활동을 하는 사람들이 늘고 있어요. 그래서 여가 시간을 의미 있게 활용할 수 있도록 돕는 직업이 생겨났지요. 사람들에게 알맞은 취미나 여행 방법 등을 알려 주고 관련된 일을 기획해요. 사람 만나는 것을 좋아하고 성격이 활발해서 이 일이 무척 재미있어요.

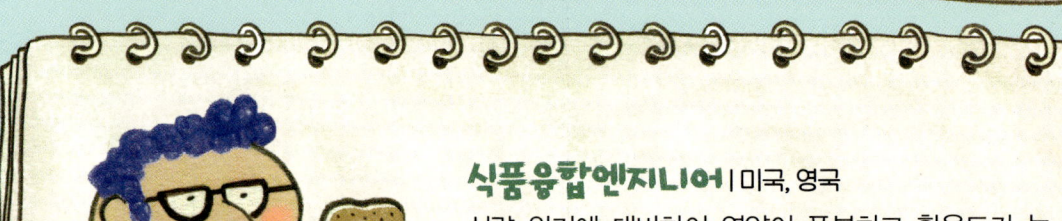

식품융합엔지니어 | 미국, 영국

식량 위기에 대비하여 영양이 풍부하고 활용도가 높은 작물과 식재료를 개발해요. 하나의 식물에서 토마토와 감자가 함께 자라는 '포마토'를 만들기도 했어요. 식품 과학과 생명 과학, 수학 등에 관심이 많아서 이 일을 시작했답니다.

사설탐정 | 미국, 영국, 일본

범죄자에 대한 수사는 경찰이나 검찰이 맡아요. 그러나 사건, 사고가 많으면 저의 도움을 받아 해결할 수도 있어요. 오래전부터 외국에서는 사설탐정을 법으로 허용했어요. 한국은 아직 사설탐정 활동을 금지하고 있지만 앞으로 이에 대한 법과 제도가 마련될 것으로 보여요.

비디오 게임 디자이너 | 미국

남녀노소 누구나 게임을 좋아해요. 게임이 인기를 끌면서 점점 더 현실과 같은 생생함을 전하는 쪽으로 발전하고 있어요. 이러한 형태로 영화 같은 게임인 '인터랙티브 시네마'라는 장르가 등장했어요. 다양한 스토리를 만들어 게임의 흐름을 구성하고, 그림을 효과적으로 배치하는 등의 기획과 설계를 해요. 새로운 일을 계획하고 창의적인 일을 좋아하는 내게 딱 맞는 직업이지요.

우아, 모두 재미있는 일을 하는 직업 같아.

하고 싶은 일을 찾은 거야?

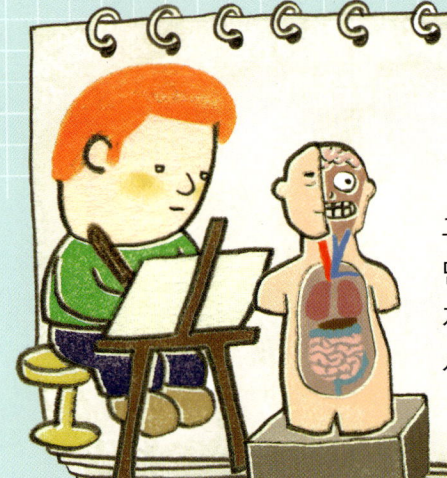

의료 일러스트레이터 | 미국, 영국

의료 관련 영상이나 그림 자료를 만들어요. 의학 정보를 그림으로 표현하는 직업이지요. 수술 과정을 동영상으로 만들기도 해요. 고령화 시대에 접어들면 의료에 관한 시각 자료가 많이 필요해져서 직업의 전망이 밝아요. 미술이나 사진 분야에 경험이 있으면 좋아요.

평등 관리 사무원 | 영국

내가 사는 영국은 다인종, 다문화 국가라 문화 차이에서 비롯된 차별이나 다툼이 많아요. 나는 소수 집단에 대한 바른 이해와 태도를 기르고, 소수 집단이 공정한 대우를 받도록 노력하고 있어요. 다문화 가정이 늘어나고 있는 한국에도 꼭 필요한 직업이지요.

괴롭힘 방지 조언사 | 벨기에

학교뿐만 아니라 회사에서도 동료를 따돌리는 경우가 있어요. 이런 상황이 생기면 내가 나서서 직원들의 심리적인 갈등을 해소하고 다툼을 관리해요. 이 일을 하려면 적극적으로 문제를 해결하려는 마음과 원활한 의사소통 능력을 갖추어야 한답니다.

재활용 코디네이터 | 일본

전 세계적으로 자원 부족 문제와 환경 오염이 심각해지면서 수명이 다한 제품을 자원으로 만드는 방법에 대해 관심이 높아지고 있어요. 나는 재활용 프로그램과 관련 기술을 만들고 관리하고 있어요. 환경 보존과 자원 절약 등 환경 문제에 관심이 많아야 하고, 자원이 어떻게 순환하는지 잘 알아야 해요.

아동·청소년 시설 보호사 | 호주

교도소, 소년원 같은 보호 시설에 있는 아이들을 관리·감독하고 특별 활동을 제공해요. 잘못을 저지른 아동과 청소년을 지도해야 하므로 꾸중보다는 상처를 보듬어 주고 배려하는 마음과 이해심이 무엇보다 필요하답니다.

생각지 못한 직업들이 참 많네.

사회가 변화하면서 더욱 새롭고 다양한 직업이 생겨날 거야!

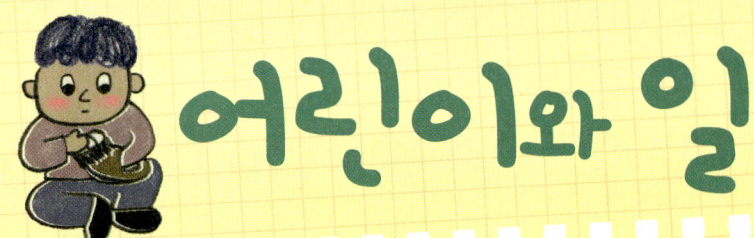
어린이와 일

🐜 슬기 누나를 도와줘!

"엄마, 일주일에 용돈 천 원은 너무 적어요. 용돈 좀 올려 주세요."

"뭐? 학원비 내 주지, 먹여 주지, 입혀 주지…… 다 해 주는데 왜 용돈이 더 필요해?"

엄마는 나도 사회생활을 하고 있다는 걸 몰라요.

어제만 해도 준영이가 떡꼬치를 사 줬어요.

얻어먹은 게 있으면 나도 한 번은 사야 한다고요.

엄마에게 이런 얘길 하면, "이다음에 네가 돈 벌어서 사 줘."

라고 말할 게 뻔해요.

"나 이주원! 이제부터 돈을 벌어서 빌 게이츠보다 더 큰 부자가 되겠어!"

나는 일자리를 찾으러 동네를 어슬렁거렸어요.

"아, 옆집 슬기 누나다!"

슬기 누나는 고등학생인데 길 건너 고깃집에서 아르바이트를 해요.

누나에게 내가 할 일이 없는지 물어봐야겠어요.

그런데 오늘따라 슬기 누나의 얼굴빛이 좋지 않아요.

"누나 어디 아파?"

"아니, 고깃집 사장님이 장사가 안 된다고 내 시급을 깎겠대.

시급 깎는 게 싫으면 내일부터 나오지 말래."

시급이란 일한 시간에 따라 주는 돈이래요.

누나는 아직 어른이 아니라 사장님의 부당한 대우도

순순히 받아들여야 한대요.

슬기 누나를 도울 방법이 없을까요?

언제부터 돈을 벌 수 있나요?

나도 집에서 방 청소나 밥상 차리기 정도의 일은 해요. 하지만 아직 돈을 벌지는 못해요. 그런데 어른이 아니어도 슬기 누나처럼 돈을 벌기도 한대요.

왜 일을 하나요?
슬기 누나가 일을 하는 가장 큰 이유는 돈 때문이에요. 작년에 아버지가 다쳐서 스스로 용돈 정도는 벌어야 한대요.

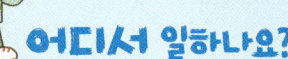

어디서 일하나요?
슬기 누나는 고깃집에서 아르바이트를 해요. 청소년은 식당, 패스트푸드점, 신문 보급소, 옷가게 등에서 일할 수 있어요. 술집, 도박장처럼 청소년에게 해가 되는 장소에서는 절대 일할 수 없어요.

얼마나 일하나요?
청소년은 하루에 7시간, 일주일에 35시간을 넘게 일할 수 없도록 법으로 정해 놓았어요. 다만 당사자가 합의했다면 하루에 1시간, 일주일에 5시간을 더 일할 수 있어요.

 몇 살부터 일할 수 있나요?

우리나라는 근로 기준법에 따라 만 15세부터 일할 수 있어요. 그래서 만 14세인 슬기 누나는 법적으로 일을 할 수 없어요. 그러나 부득이 일을 하고자 한다면 학교장과 부모님의 허락을 받아 각 지역의 고용 노동 관청에서 '취직인허증'을 받아야 해요. 그러나 만 13세 미만은 취직인허증도 받을 수 없어요. 즉, 절대로 일을 할 수 없지요.

 왜 어린이는 일할 수 없나요?

13세 미만 어린이는 신체적·정신적으로 성장해야 하기 때문에 일을 해서는 안 돼요. 일을 할 수 있는 15세 이상의 청소년도 어른처럼 오랜 시간 일해서는 안 되지요. 일을 하다 보면 공부할 시간을 빼앗겨요. 적절한 시기에 교육을 받지 못하면 소중한 기회들을 놓칠 수 있기에 아동과 청소년의 노동을 법으로 엄격하게 제한한 거예요.

 영화 〈해리 포터〉의 어린 배우들

조앤 롤링의 소설 〈해리 포터〉 시리즈는 전 세계적으로 인기를 얻어 영화로 만들어졌어요. 이 소설을 영화로 만든 영국에서는 아동 노동을 엄격하게 제한하고 있어요. 그래서 영화 주인공인 아이들은 하루에 정해진 시간만큼만 촬영했어요. 밤을 새며 촬영하거나, 아침 일찍 촬영할 수 없었지요. 촬영이 지연되어도 어쩔 수 없었어요. 또 학교에 가지 못한 어린 배우들은 학교 공부와 동일한 수준으로 개인 지도를 받았어요.

고된 노동에 시달리는 어린이들

　돈을 벌고 싶지만 어린이가 일할 수 없는 이유를 알았어요. 일하고 싶어도 일할 수 없다니 기운이 쭉 빠지네요. 그런데 세계 곳곳에는 자신의 의지와 상관없이 힘든 일을 하는 어린이들이 있어요. 이들은 제대로 된 교육은커녕 쉬는 시간도 보장받지 못하고, 형편없이 낮은 임금을 받는 경우가 대부분이에요.

몇 명이나 일하고 있나요?

전 세계적으로 일하는 어린이는 1억 3천만 명 정도 돼요. 대부분 아프리카, 아시아, 라틴 아메리카에 살고 있어요. 유럽이나 미국에도 어린이 노동자가 있긴 해요. 어린이 노동자들은 고된 노동과 체벌에 시달리지만, 어려운 형편 때문에 할 수 없이 일을 한답니다.

아동 노동을 없앨 수는 없나요?

아동 노동을 없애려면 많은 사람들이 힘을 모아야 해요. 세계적인 한 스포츠 용품 업체가 베트남, 인도네시아에 있는 공장에서 어린이들에게 고된 노동을 시켰어요. 이 사실이 알려지면서 전 세계에서 이 회사 제품에 대한 불매 운동이 일어났지요. 이런 노력으로 1998년에 이 회사의 공장에서는 일할 수 있는 나이의 기준을 새롭게 만들어, 옷 만드는 일은 16세 이상, 신발 만드는 일은 18세 이상이어야 할 수 있게 했어요.

세계 아동 노동 반대의 날

국제노동기구(ILO)가 아동 노동을 없애기 위해 2002년에 '세계 아동 노동 반대의 날'을 만들었어요. 해마다 6월 12일이면 각국 정부는 아동 노동의 실태를 알리고 반대의 목소리를 내기 위해 학교, 아동·청소년 단체, 시민 단체, 언론 등과 함께 행사를 개최해요. 국제노동기구는 아동 노동 문제를 해결하기 위해 도덕적 분노, 고용주, 지역 사회와 국민의 노력이 필요하다고 주장해요. 국제노동기구는 아동 노동을 없애기 위해 ILO 협약 제138호 '최저연령 협약(1973년)'에서 고용 최저 연령을 15세 미만으로 정했어요. 1999년에는 제182호 '가혹한 형태의 아동 노동 금지 협약'도 포함시켰답니다.

> 가혹한 형태의 아동 노동이란 노예제, 매춘, 마약 밀매, 무력 분쟁 등을 말해요.

세상을 바꾼 몇 장의 사진

　18세기 후반에 산업 혁명이 시작되면서 유럽의 도시에는 공장이 많이 들어섰어요. 농사를 짓던 사람들은 농사지을 땅을 잃자, 생계를 위해 공장에 취직했지요. 물건을 대량으로 생산하면서 공장에서 일할 사람이 점점 더 부족해졌어요. 학교에 다니거나 집에서 놀던 아이들까지 공장으로 내몰리게 되었지요.

　20세기 초 미국의 사진가 루이스 하인은 미국의 공장을 돌아다니면서 일하는 사람들의 모습을 찍었어요. 한번은 직물 공장에 갔는데 그곳에서 어린 직공들이 고된 일을 하고 있었어요. 루이스 하인은 그들의 안타까운 모습을 카메라에 담았지요. 탄광에서는 시꺼먼 석탄 가루를 얼굴에 묻힌 채 일하는 아이들의 모습을 찍었어요. 이 사진을 본 사람들은 어린이들이 착취를 당하는 데 깜짝 놀라 어린이 노

1908년 유리 공장에서 밤 늦게까지 일하는 아이들의 모습.

동에 제약을 두는 '아동 노동법'을 만들었어요.

19세기 초 영국에서도 어린이의 노동을 금지하는 법이 만들어졌어요. '공장법'이지요.

공장법이 만들어진 지 150년이 지났지만 아동 노동 실태는 여전히 심각해요. 국제노동기구는 만 15세 미만의 어린이가 일하는 것을 '아동 노동'으로 규정하여 금지하고 있어요.

1908년 탄광에서 일하는 아이들의 모습.

1908년 방직 공장에서 일하는 소녀의 모습.

몇 장의 사진을 계기로 아동 노동을 금지하는 법이 만들어졌다니, 놀라운걸.

하지만 지금도 전 세계적으로 아동 노동 문제가 나타나고 있어. 아직 갈 길이 멀다고!

일개미가 간다

어린이 노동 실태

어린이는 학교에서 적절한 교육을 받고 무럭무럭 자라서 제대로 된 일을 할 준비를 해야 합니다. 여러 나라가 이에 동의하여 어린이의 노동을 법으로 금지하고 있지만, 아직도 많은 어린이들이 노동에 시달리고 있습니다. 일개미 기자가 전 세계 어린이들의 노동 실태를 취재했습니다.

네팔의 비샬, 학교 대신 채석장으로

네팔의 한 작은 마을. 돌아가신 아버지를 대신해 채석장으로 일하러 나가는 비샬의 꿈은 의사입니다. 하루 종일 쉬지 않고 돌을 깨는 일을 하고 받는 돈은 우리 돈으로 고작 700원. 10살 비샬이 하기에는 너무나 힘든 일이지만, 네 식구가 먹고살려면 어쩔 수 없이 망치를 들어야 합니다.

누나의 빚을 갚기 위해 일하는 7살 아즈말

7살 아즈말은 누나가 진 빚을 갚기 위해 아프가니스탄의 수르흐 지역 벽돌 가마에서 일합니다. 온종일 모래를 나르고, 바닥을 쓸고, 벽돌을 만드는 아즈말의 손은 언제나 흙 범벅입니다. 매일 10시간씩 쉬지 않고 300개의 벽돌을 날라 받는 돈은 1800원 남짓! 빚을 다 갚으면 학교에 가려고 하지만 또 다른 빚이 아즈말을 기다리고 있을지도 모릅니다.

안 해 본 일이 없는 로드리고

남아메리카 볼리비아에 사는 로드리고는 9살 때부터 일을 시작했습니다. 구두닦이, 버스 운전 보조, 판매 등을 하다가 지금은 술집에서 밤새 껌과 담배를 팔아 7000원 남짓한 돈을 법니다. 볼리비아는 10살 아이들의 노동을 법으로 허용하고 있습니다.

카카오 따는 아이 아난

코트디부아르는 초콜릿의 주원료인 카카오를 생산하는 나라입니다. 전 세계 카카오 생산량의 40퍼센트를 차지하고 있습니다. 아난을 비롯하여 무려 25만 명이 넘는 아이들이 카카오 농장에서 일하고 있습니다. 우리에게 달콤하기만 한 초콜릿이 아난 같은 아이들의 쓰디 쓴 눈물일지도 모릅니다.

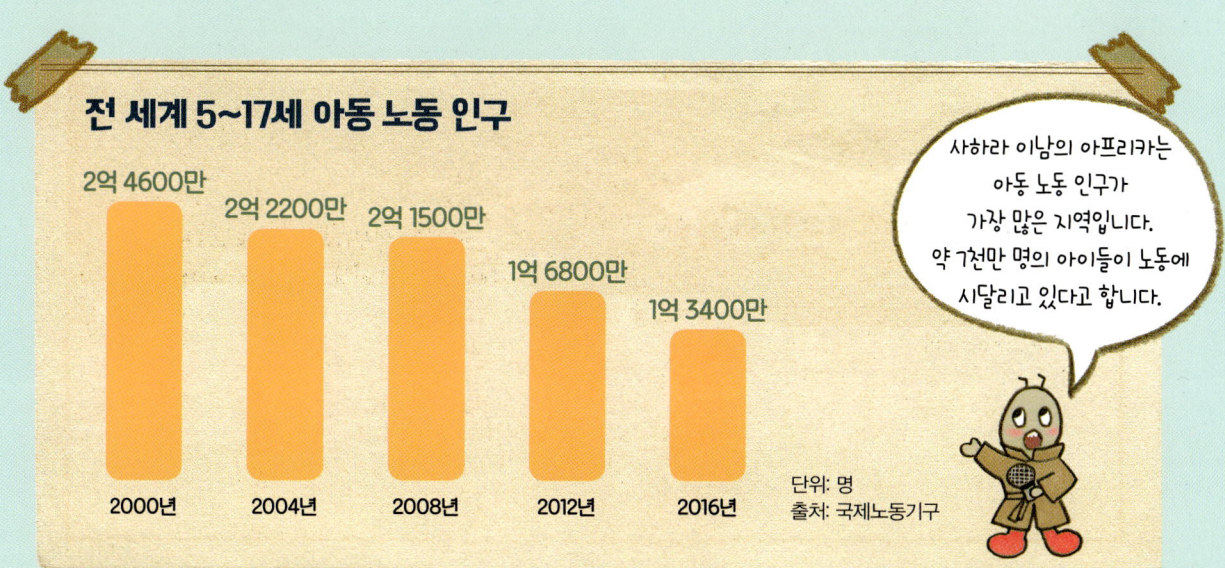

전 세계 5~17세 아동 노동 인구

- 2000년: 2억 4600만
- 2004년: 2억 2200만
- 2008년: 2억 1500만
- 2012년: 1억 6800만
- 2016년: 1억 3400만

단위: 명
출처: 국제노동기구

사하라 이남의 아프리카는 아동 노동 인구가 가장 많은 지역입니다. 약 7천만 명의 아이들이 노동에 시달리고 있다고 합니다.

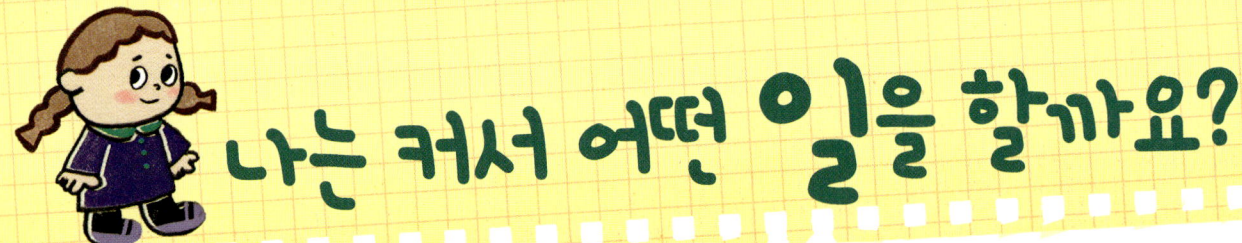

나는 커서 어떤 일을 할까요?

🐛 이주원의 꿈, 그것이 궁금하다!

"이다음에 어른이 되면 어떤 일을 하고 싶은지 얘기해 볼까?"

선생님이 우리 반 아이들에게 물었어요.

"저는 대통령이 되고 싶어요. 세상일에 관심이 많거든요."

우리 반 회장인 여민이는 친구들의 일에 관심이 많아요.

여민이는 귀찮은 일도 앞장 서서 해결하고,

선생님께 우리의 의견도 잘 전하는 모범생이에요.

"선생님, 저는 웹툰 작가가 되고 싶어요."

손을 든 친구는 수줍음이 많은 내 짝꿍 보라였어요.

보라는 내 생일에 예쁜 그림을 그려 주었어요.

그런데 내 머리를 엄청 크게 그려서 화를 냈더니 이렇게 말했어요.

"주원아, 너는 생각이 많잖아. 그래서 머리를 크게 그린 거야."

드디어 내 차례가 되었어요.

"저는 어른이 되면 놀고먹는 일을 할 것입니다."

아이들이 책상을 두드리며 까르르 웃어 댔어요.

"놀고먹는 일도 있니?"

선생님이 되물었어요.

70

"그럼요! 아침 먹고 게임하고, 점심 먹고 자전거 타고,
저녁 먹고 만화 보고…… 노는 일도 얼마나 힘들다고요."
아이들이 또 웃었지요.
사실 나는 내가 뭘 잘하는지 모르겠어요.
그래서 대충 둘러댔을 뿐이에요.
'내 꿈은 무엇일까? 나는 무엇을 잘할까?'
아, 나도 정말 그것이 궁금하답니다.

내가 좋아하는 것을 알고 싶어요

선생님께서는 자신에게 맞는 일을 찾는 것이 중요하다고 하셨어요. 우리 반 친구들에게 맞는 일은 무엇일까요? 조사해 보았어요.

사람의 마음이 궁금해요

안녕! 나는 주여민이야. 반에서 회장을 맡고 있어. 나는 사람들이 무슨 생각을 하는지 궁금해. 그리고 누구나 행복하게 잘사는 나라를 만들고 싶어.

여민이에게 맞는 추천 직업

- 나라와 지역을 지키는 일: 공무원, 국회의원, 대통령
- 사람의 목숨과 재산을 지키는 일: 경찰관, 소방관, 군인
- 사람의 몸이나 마음을 지키는 일: 의사, 간호사, 약사, 재활 치료사
- 쾌적한 생활을 돕는 일: 사회 복지사, 상담사, 가사 도우미
- 사람을 가르치는 일: 교사, 학원 강사
- 아름답게 꾸미는 일: 미용사, 네일 아티스트
- 편안한 생활을 돕는 일: 승무원, 호텔리어, 통역사
- 맛있는 음식을 만드는 일: 요리사, 파티시에, 푸드 코디네이터

호텔리어는 호텔에서 고객에게 다양한 편의를 제공하는 직업이야. 관광 안내, 교통 시설 등 손님에게 필요한 다양한 정보도 제공한단다.

동식물 등 자연에 관심이 많아요

내 이름은 하준영이야.
나는 길고양이한테 날마다 먹이를 주고 있어.
고양이는 정말 고고하고 독립적인 동물이야.
나는 고양이뿐 아니라 동물이라면 다 좋아.
식물을 관찰하고 기르는 일도 좋아하지.

준영이에게 맞는 추천 직업
- 수확의 기쁨을 느끼는 일: 농부, 어부
- 꽃과 나무로 장식하는 일: 플로리스트, 식물원 직원, 조경사
- 동물과 가까이하는 일: 수의사, 애견 미용사, 사육사, 조련사
- 하늘과 우주를 보는 일: 기상 예보사, 천체 관측사, 우주 비행사

플로리스트는 꽃이나 화초를 보기 좋게 꾸미는 직업이야. 꽃다발을 만들거나 행사장을 장식하는 등 다양한 일을 하지.

우리 반 친구들은 하고 싶은 일이 있네! 나는 아직도 잘 모르겠어.

지금도 늦지 않았으니 고민해 보라고!

새로운 것을 알아내는 게 좋아요

안녕! 나는 지효린이야.
나는 궁금한 게 생기면 꼭 해결해야 직성이 풀려.
그리고 머리가 복잡할 땐 수학 문제를 풀지.
그러면 스트레스가 풀리고 머리가 맑아져.
다들 거짓말 아니냐고 하는데 진짜야.

효린이에게 맞는 추천 직업
- 공부를 계속하는 일: 연구원, 대학교수, 학예 연구사
- 사회의 움직임에 관심을 갖는 일: 기자, 뉴스 진행자, 평론가, 편집자
- 정의와 공정함을 지키는 일: 변호사, 판사, 검사
- 경제의 구조를 아는 일: 은행원, 세무사, 회계사
- 외국어로 능숙하게 소통하는 일: 통역사, 번역가, 외교관

학예 연구사는 박물관이나 미술관에서 전시를 기획하고 유물을 수집·관리하는 직업이야!

> **운동이나 상상을 즐겨요**
> 안녕! 난 김보라야. 내 꿈은 웹툰 작가야.
> 나는 상상한 것을 그림으로 표현하는 걸 좋아해.
> 글로 쓰는 건 힘든데 그림은 술술 그릴 수 있어서
> 정말 즐거워.

보라에게 맞는 추천 직업

- 운동과 관련된 일: 운동선수, 운동 지도사
- 음악과 관련된 일: 연주가, 가수, 작곡가, 음악 연출자
- 사람들의 주목을 받는 일: 배우, 개그맨, 무용가, 마술사
- 영화나 텔레비전 쇼를 만드는 일: 영화감독, 프로듀서, 카메라맨
- 상상력을 발휘하는 일: 작가, 만화가, 화가, 사진가
- 게임의 세계를 펼치는 일: 게임 개발자, 게임 잡지 기자
- 세련된 옷을 선보이는 일: 모델, 패션 디자이너, 스타일리스트

기계나 물건 다루는 것을 좋아해요

나는 박성재야. 지금 무엇을 하고 있냐고?
블록 쌓기를 하고 있어. 만들었다 부셨다 하면서
건물도 만들고, 자동차도 만들지.
나는 뭔가 새로운 것을 만드는 게 정말 좋아.
내가 생각한 것이 눈앞에 펼쳐졌을 때
정말 신나!

성재에게 맞는 추천 직업

- 컴퓨터를 잘 다루는 일: 프로그래머, 그래픽 디자이너, 프로 게이머, 웹디자이너
- 물건 만드는 일: 엔지니어, 정비사, 산업 디자이너
- 집이나 가구를 만드는 일: 건축사, 목수, 측량사, 가구 디자이너, 인테리어 코디네이터
- 누군가의 발이 되어 주는 일: 파일럿, 택시 운전사, 기관사, 레이서, 항해사

인테리어 코디네이터는 건물 내부를 장식할 가구, 벽지, 소품 등을 고르고 디자인하는 일을 해.

# 주원이의 장래 희망을 찾아서

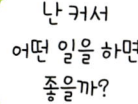
난 커서 어떤 일을 하면 좋을까?

주원이는 좋아하는 일이 없어요

주원이처럼 아직 좋아하는 일이 없을 수도 있어요. 그렇다고 좌절할 필요는 없어요. 세상에는 많은 직업이 쏟아져 나오고 있으니까요. '아직' 좋아하는 일이 없다면 계속 새로운 일을 경험하면서 조금씩 찾아가면 돼요. 하지만 마음속에 '호기심'만큼은 꼭 가지고 있어야 해요. 어떤 것이든 관심을 갖고 찾으려는 마음, 즉 호기심이 있으면 끌리는 일을 만났을 때 금방 알아챌 수 있어요.

그러고 보니 주원이는 게임을 좋아해요

세상에 게임을 싫어하는 아이는 아마 없을 거예요. 그렇다고 누구나 프로 게이머가 되는 건 아니에요. 프로 게이머가 되려면 컴퓨터 프로그램을 잘 알아야 하고, 노력도 무척 많이 해야 해요. 단순히 좋아하는 정도로는 프로 게이머가 될 수 없지요. 프로 게이머가 아니더라도 게임과 관련된 일에 관심이 있다면 어떤 직업을 선택하면 좋을지 찬찬히 알아봐요.

주원이는 노래를 좋아하니 가수가 되는 건 어떨까요?

노래를 잘하면 노래하는 일을 직업으로 삼을 수 있어요. 가수는 짧게는 몇 년, 길게는 십여 년 넘는 시간 동안 피나는 연습을 해야 해요. 이 긴 시간을 이겨 낼 만큼 가수가 되고 싶은지 생각해 보는 게 먼저겠죠?

주원이가 가장 좋아하는 건 아무것도 하지 않는 거예요

주원이는 가끔 멍한 표정으로 아무것도 하지 않고 빨래처럼 늘어져 잠만 잘 때가 있어요. '귀찮아'라는 말도 자주 하지요. 어쩌면 아직 호기심이 생기는 일을 찾지 못해서 그런 건지도 몰라요. 그럼 너무 조급하게 무언가를 찾으려 하지 말고 그때그때 하고 싶은 일들을 해 봐요. 분명 그 속에 진짜 하고 싶은 일이 보물처럼 숨어 있을 거예요.

나의 적성을 찾아봐요

나처럼 아직도 적성을 찾지 못한 친구라면 나와 함께 차근차근 길을 따라가 보아요.

내 적성을 찾아 떠나 볼까?

친구가 새 옷을 사거나 머리를 자르면 가장 먼저 알아본다.

사람들이 모여 있으면 궁금해서 가 본다.

새로 나온 휴대 전화나 자동차가 궁금하다.

집에 있는 것보다 밖에 나가서 노는 게 좋다.

박물관보다는 바다나 산으로 여행 가는 게 더 좋다.

● 예 ● 아니오

이 길 끝까지 가면 내가 좋아하는 것을 찾을 수 있어?

글쎄, 조금은 알 수 있겠지만 너무 믿을 필요는 없어.

뉴스나 신문 보는 것을 좋아한다.

사람과 세상에 대해 관심이 많군요! 세상의 일을 알리는 직업이 어울려요.

문제의 답을 찾을 때까지 파고들고, 알아내면 속이 뻥 뚫린다.

사물이나 사건에 관심이 많군요. 연구자가 어울려요.

자유로운 영혼의 소유자! 창의적인 일이 어울려요.

누가 방법을 알려 주지 않을 때 더 신나게 답을 찾으려고 노력한다.

아직도 내가 누구인지 확실히 모르는군요. 괜찮아요! 이 책을 열심히 보면서 함께 찾아봐요.

일개미가 간다

이주원만 모르는 이주원의 머릿속

주원이는 자꾸 자기는 좋아하는 일이 없다고 생각해요. 그리고 자기에 대해 잘 모르겠다고만 하지요. 과연 그럴까요? 일개미 기자가 주원이의 머릿속을 꼼꼼하게 살펴보았습니다.

- 일개미는 얼마나 벌까?
- 잘 놀기도 힘들어!
- 난 좀 게을러.
- 나도 커서 좋은 사람이 되고 싶어.
- 게임에서 이기면 자신감이 솟아.
- 슬기 누나를 도울 방법은?
- 제제는 떼쟁이.

주원이가 주원이에게

주원이는 _____ 좋아한다.

주원이는 _____ 잘한다.

주원이는 _____ 필요하다.

주원이는 _____ 아이다.

친구들도 주원이 대신 자신의 이름을 넣어 빈칸을 채워 봐!

주원이에게 어울리는 직업은?

_____

어떤 일을 해야 행복할까요?

시 쓰는 환경미화원

주원이는 하굣길에 낙엽이 우수수 떨어진 공원을 지나가요.

할머니께 드릴 예쁜 은행잎과 단풍잎을 주웠어요.

할머니는 나뭇잎을 말려서 식탁 유리 밑에 끼워 놓고는 하세요.

"학생! 그 단풍잎보다 벤치 뒤 나무의 단풍잎이 더 예쁘단다."

열심히 낙엽을 쓸던 환경미화원 아저씨가 알려 주었어요.

"낙엽은 1년을 기다려야 만날 수 있는 손님이니 반겨 줘야 해.

그래야 내년에 더 예쁜 모습으로 다시 찾아오지."

"우아, 아저씨! 꼭 시인 같아요."

아저씨는 커다란 자루 안에 낙엽을 주워 담으며 씩 웃으셨어요.

나는 친구가 준 바나나 우유를 아저씨께 드렸어요.

마스크를 벗은 아저씨는 왠지 낯익었어요.

"혹시 텔레비전에 나온 시인 환경미화원이세요?"

아저씨는 씩 웃더니 고개를 끄덕였어요.

"아저씨는 어떻게 시인이 되셨어요?"

"청소 일을 한 지, 20년이 넘었어.

봄에는 떨어진 꽃, 여름은 초록잎, 가을엔 낙엽, 겨울엔 눈을 치우지.

청소를 하다 보면, 자연의 변화를 누구보다 잘 느낄 수 있단다."
청소를 하면서 이런 낭만적인 생각을 하다니! 정말 놀라웠어요.
"깜깜한 새벽에 출근하는 게 때로는 귀찮지만,
일찍 끝내고 도서관에 가서 책을 보고 글도 쓸 수 있으니 좋아."
남들이 귀찮아하고 꺼리는 일을 하면서도 밝게 웃는 아저씨는
내가 본 일하는 어른들 가운데 가장 행복해 보였어요.

누구나 좋아하는 일은 있어요

시인 환경미화원처럼 행복하게 일하려면 어떻게 해야 할까요? 아저씨에게 환경미화원과 시인이라는 직업을 어떻게 갖게 되었는지 들어 보았어요.

공부는 그다지 좋아하지 않았다. 그래서……

집이 시골이라 자연에서 살았다. 그러다 보니……

운동을 좋아하고 몸이 튼튼했다. 그래서……

돈을 잘 벌고 싶었다. 그렇지만……

글짓기는 곧잘 했다. 그래서……

결국 '나 자신을 알라!' 이거군.

열심히 생각하고 고른 직업이라서 더더욱 행복한가 봐.

원하던 대로 글도 쓰고 돈도 벌 수 있어서 무척 행복하단다.

대학교에 가지 않고 취직을 준비했다.

사무실보다는 밖에서 하는 일이 좋았다.

몸을 움직여 할 수 있는 일을 찾았다.

일하는 시간이 길면 글 쓸 여유가 없어진다.

글을 쓰면서 돈도 벌 수 있는 일을 찾았다.

돈은 쓸 만큼만 벌고 적성을 살려 글을 쓸 수 있는 일을 찾았다.

일개미가 간다

사라지는 직업, 생겨나는 직업

직업은 시대가 바뀌면서 없어지기도 하고, 새로 생기기도 합니다. 또 조금씩 변하기도 하지요. 일개미 기자가 과거, 현재, 미래의 직업에 대해 알아보았습니다.

물장수 아저씨! 버드나무 집에 물 한 통이요.

집집마다 수도가 없던 옛날에는 물장수한테 물을 사 먹었어요.

우리 집은 우물이 있어서 얼마나 다행인지…….

꼭대기 집은 힘들어서 1원 더 주셔야 해요.

집집마다 상하수도 시설을 갖추면서 물을 사 먹지 않게 되자, 자연히 물장수도 사라졌어요.

와, 물이다.

사람들이 먹을 물이니 깨끗해야지.

정수기 필터는 자주 갈아야죠.

여기 물 한 상자 왔습니다!

전 세계적으로 물이 점점 부족해지고 있어서 미래에는 다른 나라에 물을 구하러 다니는 직업이 생겨날지도 모르겠습니다.

87

옛날 서양에서는 나무를 땔감으로 썼기 때문에 굴뚝 청소부가 매우 중요한 역할을 했어요.

나무 대신 다른 연료를 쓰면서 굴뚝 청소부는 사라졌어요. 대신 거리를 청소하는 환경미화원이 비슷한 일을 하고 있지요.

미래에는 복잡하고 위험한 물질들이 많아져서 전문적으로 교육을 받고 위험한 물질을 치우는 청소부가 필요할 거예요. 우주 쓰레기를 수거하는 청소부도 곧 등장할 예정이랍니다.

나를 행복하게 하는 일을 해요

주원이의 장래 희망

오늘 아침 뉴스를 보고 깜짝 놀랐어요.

우리나라 사람들은 다른 나라 사람들에 비해

스스로가 행복하지 않다고 생각한대요.

조사에 참여한 나라들 가운데 행복 지수가 거의 꼴찌에 가까웠어요.

하루 동안 아이들이 아빠와 대화하는 시간도 3분밖에 되지 않는대요.

생각해 보니 우리 집도 그래요.

어떤 때는 아빠 얼굴을 보지 못하고 잠들기도 하지요.

이렇게 행복 지수가 낮은 이유 중 하나는 '일' 때문이래요.

일을 하면 돈을 벌고, 남도 도울 수 있고,

스스로도 뿌듯하다고 했는데 이상하지요.

얼마 전까지 우리 엄마와 아빠도 일 때문에 지쳐 있었어요.

행복 지수 1위를 차지한 덴마크에서는 즐겁게 일을 한다고 해요.

일을 하다가 아이를 낳거나 공부를 해야 하면,

그 기간에 먹고살 돈을 나라에서 줘요.

직업을 잃을 염려도 없어 마음 놓고 일을 쉴 수 있어요.

일을 잘하려면 잘 쉬어야 한다고 생각하는 거예요.

의사, 변호사는 좋은 직업, 환경미화원은 나쁜 직업이 아니에요.
의사가 있으니 사람들이 건강하게 살 수 있고,
환경미화원이 있으니 깨끗한 세상에서 살 수 있어요.
앞으로는 기계와 문명이 더욱 발달한 사회가 되겠지요?
그러면 로봇이나 기계가 사람이 하던 일들을 대신할 거예요.
한곳에 모여서 일하지 않고 장소와 시간에 관계없이
원하는 곳에서, 원하는 시간에 일하는 사람들도 많아질 테고요.
생각할수록 삭막한 미래가 떠오르는 건 어쩔 수 없나 봐요.
그래서 나는 결심했어요.
'어떤 일을 할까?'보다 '어떤 일을 해야 행복할까?' 하고
생각하기로 마음먹었지요.
그러고 나니 '행복이 무엇인가?'라는 생각이
머릿속에 맴돌아요.
행복한 미래에 대해 고민하는 내가
제법 대견스럽지 않나요?

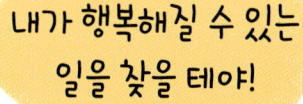

내가 행복해질 수 있는 일을 찾을 테야!

지금까지 일개미 기자와 이주원이었습니다, 끝!
에휴, 좀 쉬어야겠다.